AF336298

MÉTHODE

DE

LECTURE GRADUÉE

Voir la Conduite pages 2 et 3.

(Épellation ordinaire.)

PREMIER EXERCICE.

Lettres minuscules et majuscules.

a	e	i	o	u	
b	n	f	s	d	
t	v	j	m	x	
q	c	h	r	p	
y	l	g	k	z	
æ	œ	é	è	ê	
p	d	w	b	q	

a	b	c	d	e	f
A	B	C	D	E	F
g	h	i	j	k	l
G	H	I	J	K	L
m	n	o	p	q	r
M	N	O	P	Q	R
s	t	u	v	x	y	z
S	T	U	V	X	Y	Z
æ	œ	é	è	ê	w
Æ	OE	E	È	Ê	W

1 2 3 4 5 6 7 8 9 0

Wazemmes. Imprimerie de Horemans.

MÉTHODE

LECTURE GRADUÉE

(Épellation ordinaire.)

DEUXIÈME EXERCICE.

Syllabes de deux lettres.

ba	bé	be	bi	bo	bu	ma	mé	me	mi	mo	mu
ca	cé	ce	ci	co	cu	na	né	ne	ni	no	nu
da	dé	de	di	do	du	pa	pé	pe	pi	po	pu
fa	fé	fe	fi	fo	fu	ra	ré	re	ri	ro	ru
ga	gé	ge	gi	go	gu	sa	sé	se	si	so	su
ha	hé	he	hi	ho	hu	ta	té	te	ti	to	tu
ja	jé	je	ji	jo	ju	va	vé	ve	vi	vo	vu
ka	ké	ke	ki	ko	ku	xa	xé	xe	xi	xo	xu
la	lé	le	li	lo	lu	za	zé	ze	zi	zo	zu

Wazemmes. Imprimerie de Horemans.

MÉTHODE

DE

LECTURE GRADUÉE

(Épellation ordinaire.)

TROISIÈME EXERCICE.

Syllabes de trois lettres.

bab	beb	bib	bob	bub	gna	gne	gni	gno	gnu
bac	bec	bic	boc	buc	gra	gre	gri	gro	gru
bad	bed	bid	bod	bud	gua	gue	gui	guo	guu
bla	ble	bli	blo	blu	pla	ple	pli	plo	plu
bra	bre	bri	bro	bru	pra	pre	pri	pro	pru
cha	che	chi	cho	chu	qua	que	qui	quo	quu
cla	cle	cli	clo	clu	spa	spe	spi	spo	spu
cra	cre	cri	cro	cru	sta	ste	sti	sto	stu
dra	dre	dri	dro	dru	tla	tle	tli	tlo	tlu
fla	fle	fli	flo	flu	tra	tre	tri	tro	tru
fra	fre	fri	fro	fru	vla	vle	vli	vlo	vlu
gla	gle	gli	glo	glu	vra	vre	vri	vro	vru

Wazemmes. Imprimerie de Horemans.

MÉTHODE

DE

LECTURE GRADUÉE

(Épellation ordinaire.)

QUATRIÈME EXERCICE.

Monosyllabes de 2, 3, 4 et 5 lettres.

an, au, en, in, ir, on, or, un, ail, ain, ent, eur, ieu, oir, uis.

Voir la Conduite pages 8 et 9.

Paul prie Dieu; il faut que tu le pries, tous les jours, tu le dois; car il a dit dans sa loi : prie-moi au moins deux fois par jour. Donc, mon fils, prie Dieu quand tu sors du lit et prie-le le soir quand tu y vas, pour toi, et pour tous ceux qui te sont chers.

C'est Dieu qui a fait de rien tout ce qui est, il est si grand, si bon, qu'il voit tout, qu'il peut tout, et sait mieux que nous ce qu'il nous faut; tu fais donc très-bien quand tu le pries de cœur. Or, mon cher Paul, prie bien le bon Dieu tous les jours.

Wazemmes. Imprimerie de Horemans.

MÉTHODE

DE

Voir la Conduite pages 10 et 11.

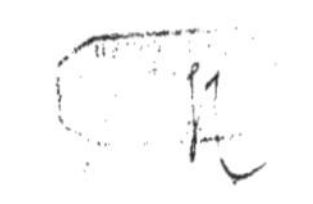

LECTURE GRADUÉE

(Épellation ordinaire.)

CINQUIÈME EXERCICE.

Mots de 2 et 3 Syllabes.

A-bri	Ar-che	Au-teur
Ba-gue	Ber-ger	Bu-reau
Ca-nif	Cer-cle	Cou-leur
Dan-ger	Dou-ceur	Droi-tier
En-nui	Ef-froi	Em-prunt
Fa-veur	Fiè-vre	Flam-beau
Gra-ci-eux		Gen-dar-mes
His-toi-re		Hom-ma-ges
In-no-cent		Im-pos-teur
Ja-lou-sie		Ju-ge-ment
Ker-mes-se		Kœ-nigs-berg
La-bou-rer		Lou-voy-er

Mots de 4, 5, 6 et 7 Syllabes.

Mé-tho-dis-te	Mo-dé-ré-ment
Non-cha-lan-ce	Nu-mé-ra-teur
Or-tho-gra-phe	Ou-ver-te-ment
Po-pu-la-ri-té	Pu-sil-la-ni-me
Qua-li-fi-ca-tif	Quo-li-bé-tis-te
Ra-ti-o-na-li-té	Ré-con-ci-li-a-teur
Sa-tis-fac-ti-on	Si-mul-ta-né-i-té
Tri - go - no - mé - tri - que - ment	
U - ni - per - son - nel - le - ment	
Ven - dan - geur	Was-si-gny
Xé - no - gra - phi - que - ment	
Ya-ta-gan	Yeux	Yon-ne
Zé-la-teur	Zo-di-a-que

Wazemmes. Imprimerie de Horemans.

MÉTHODE

DE

Voir la Conduite pages 12 et 13.

LECTURE GRADUÉE

(Épellation ordinaire.)

SIXIÈME EXERCICE.

PRIÈRES QUOTIDIENNES.

Au nom du Père, du Fils et du Saint-Esprit. Ainsi soit-il.

Invocation au Saint-Esprit.

Esprit-Saint, venez en nous, remplissez nos cœurs de votre divine intelligence, et allumez en nous le feu sacré de votre amour. Ainsi soit-il.

Oraison dominicale.

Notre Père, qui êtes aux cieux, que votre nom soit sanctifié, que votre règne arrive, que votre volonté soit faite en la terre comme au ciel; donnez-nous aujourd'hui notre pain quotidien ; pardonnez-nous nos offenses, comme nous pardonnons à ceux qui nous ont offensés, et ne nous laissez pas succomber à la tentation, mais délivrez-nous du mal. Ainsi soit-il.

Salutation angélique.

Je vous salue, Marie, pleine de grâces, le Seigneur est avec vous, vous êtes bénie entre toutes les femmes, et Jésus le fruit de vos entrailles est béni.

Sainte Marie, Mère de Dieu, priez pour nous, pauvres pécheurs, maintenant, et à l'heure de notre mort. Ainsi soit-il.

Wazemmes. Imprimerie de Horcmans.

MÉTHODE

DE

Voir la Conduite pages 14 et 15.

LECTURE GRADUÉE

(Épellation ordinaire.)

SEPTIÈME EXERCICE.

Symbole des Apôtres.

Je crois en Dieu le Père tout-puissant, créateur du ciel et de la terre, et en Jésus-Christ son Fils unique notre Seigneur, qui a été conçu du Saint-Esprit, est né de la Vierge Marie, a souffert sous Ponce Pilate, a été crucifié, est mort et a été enseveli; est descendu aux enfers, le troisième jour, est ressuscité des morts; est monté aux cieux, est assis à la droite de Dieu, le Père tout-puissant, d'où il viendra juger les vivants et les morts.

Je crois au Saint-Esprit, à la sainte Église catholique, à la communion des Saints, à la rémission des péchés, à la résurrection de la chair et à la vie éternelle.

Ainsi soit-il.

Confession des péchés.

Je me confesse à Dieu, tout-puissant, à la bienheureuse Marie, toujours Vierge, à saint Michel archange, à saint Jean-Baptiste, aux apôtres saint Pierre, saint Paul, à tous les saints, et à vous, mon Père, parce que j'ai beaucoup péché, par pensées, par paroles, par actions et par omissions; c'est ma faute, c'est ma faute, c'est ma très-grande faute. C'est pourquoi je supplie la glorieuse Marie, toujours Vierge, saint Michel archange, saint Jean-Baptiste, les apôtres saint Pierre, saint Paul, tous les Saints, et vous, mon Père de prier pour moi le Seigneur notre Dieu. Ainsi soit-il.

Wazemmes. Imprimerie de Horemans.

MÉTHODE

 DE Voir la Conduite pages 16 et 17.

LECTURE GRADUÉE

(Épellation ordinaire.)

HUITIÈME EXERCICE.

Que le Dieu tout-puissant nous fasse miséricorde, et que nous ayant pardonné nos péchés, nous conduise à la vie éternelle. Ainsi soit-il.

Que le Seigneur tout-puissant, tout miséricordieux, nous accorde le pardon, l'absolution et la rémission de nos péchés. Ainsi soit-il.

Commandements de Dieu.

1. Un seul Dieu tu adoreras,
   Et aimeras parfaitement.
2. Dieu en vain tu ne jureras,
   Ni autre chose pareillement.
3. Les Dimanches tu garderas,
   En servant Dieu dévotement.
4. Tes père et mère honoreras,
   Afin de vivre longuement.
5. Homicide point ne seras,
   De fait ni volontairement.
6. Luxurieux point ne seras.
   De corps ni de consentement.

7. Le bien d'autrui tu ne prendras,
   Ni retiendras à ton escient.
8. Faux témoignage ne diras,
   Ni mentiras aucunement.
9. L'œuvre de chair ne désireras,
   Qu'en mariage seulement.
10. Biens d'autrui ne convoiteras,
    Pour les avoir injustement.

Commandements de l'Église.

1. Les Fêtes tu sanctifieras,
   Qui te sont de commandement.
2. Les Dimanches Messe ouïras,
   Et les Fêtes pareillement.
3. Tous tes péchés confesseras,
   A tout le moins une fois l'an.
4. Ton Créateur tu recevras,
   Au moins à Pâques humblement
5. Quatre-Temps, Vigiles, jeuneras
   Et le Carême entièrement.
7. Vendredi chair ne mangeras,
   Ni le Samedi mêmement.

Wazemmes. Imprimerie de Horemans.

MÉTHODE

DE

LECTURE GRADUÉE

Voir la Conduite pages 18 et 19.

(Épellation ordinaire.)

NEUVIÈME EXERCICE.

Acte d'Adoration.

Mon Dieu, je vous adore, je vous reconnais pour mon Créateur et mon maître, je vous offre ma vie et tout ce que je possède.

Acte de Foi.

Mon Dieu, je crois fermement tout ce que croit et enseigne la sainte Église catholique, parce que c'est vous qui le lui avez révélé.

Acte d'Espérance.

Mon Dieu, j'espère vos grâces en ce monde, et votre paradis dans l'autre, par les mérites infinis de Jésus-Christ mon Sauveur.

Acte de Charité.

Mon Dieu, je vous aime de tout mon cœur et plus que toutes choses, et j'aime aussi mon prochain comme moi-même pour l'amour de vous.

Acte de Contrition.

Mon Dieu, j'ai un extrême regret de vous avoir offensé, parce que vous êtes infiniment bon, aimable, et que le péché vous déplaît: pardonnez-moi par les mérites de Jésus-Christ. Je me propose, avec le secours de votre sainte grâce, de ne plus vous offenser et de faire pénitence.

Acte de Remerciment.

Je vous remercie, ô mon Dieu, de tous les biens que j'ai reçus de vous, principalement de m'avoir créé, de m'avoir racheté par votre Fils, et de m'avoir fait enfant de votre Église.

Acte d'Offrande.

Mon Dieu, je vous donne mon cœur, acceptez-le s'il vous plaît, et faites qu'aucune créature ne puisse le posséder que vous seul.

Wazemmes. Imprimerie de Horemans.

MÉTHODE

DE

Voir la Conduite pages 20 et 21.

LECTURE GRADUÉE

(Épellation ordinaire.)

DIXIÈME ET DERNIER EXERCICE.

Avis aux jeunes Élèves.

Chers enfants, si vous aviez à voyager tantôt le jour, tantôt la nuit par un chemin long, difficile et dangereux, ne seriez-vous pas bien aise d'avoir un bon guide et une lanterne? Eh! bien, vous avez tout cela pour vous bien conduire dans la vie: votre guide, c'est la *conscience*; votre lanterne, c'est l'*intelligence*; mais cette lanterne toute seule ne pourra pas encore vous suffire, si vous ne prenez la précaution de la garnir d'une bonne lumière, et cette lumière, c'est l'*instruction*.

L'homme sage et vertueux a grand soin d'entretenir sa lumière et d'écouter son guide; l'homme vicieux, au contraire, souffle sur la sienne ou la laisse éteindre, et ferme l'oreille à tous les bons conseils, au risque de s'égarer et de se perdre; c'est ce qui n'arrive, hélas! que trop souvent.

Vous ne voudrez pas, j'aime à le croire, chers élèves, faire comme ce mauvais sujet là; vous ne laisserez pas s'éteindre votre petite lumière, et vous ne repousserez pas les bons conseils de votre guide, la *conscience*: car, si vous agissiez ainsi, vous seriez d'autant plus coupables envers Dieu et envers les hommes, que vous avez reçu de votre divin Créateur une *âme* faite pour aimer la vertu, et une *conscience* pour la comprendre et vous la faire reconnaître.

Wazemmes. Imprimerie de Horemans.